Desbloqueando el poder de la
Crianza Monoparental

Lucie Muchina

Desbloqueando el Poder de la Crianza Monoparental

Copyright © 2021 Lucie Muchina

All rights reserved. No part of this publication may be reproduced, stored in a retrieval system, or transmitted, in any form or by any means, electronic, mechanical, photocopying, recording or otherwise without the prior permission of Lucie Muchina.

All Scripture quotations, unless otherwise indicated, are taken from the Holy Bible, New International Version, UK edition, copyright © 1973, 1978, 1984 by International Bible Society. Published by Hodder and Stoughton. Used by permission. All rights reserved.

Scripture quotations marked NLT are taken from the Holy Bible, New Living Translation, copyright © 1996, 2004, 2007 by Tyndale House Foundation. Used by permission of Tyndale House Publishers, Inc., Carol Stream, Illinois 60188. All rights reserved. www.newlivingtranslation.com | www.tyndale.com

Scripture quotations marked NKJV are taken from the New King James Version. Copyright © 1982 by Thomas Nelson, Inc. Used by permission. All rights reserved.

ISBN: 978-0-9928315-4-7

Reconocimientos

El escritor e historiador francés Voltaire ilustra y describe que la apreciación como algo maravilloso: "lo que hace que lo excelente de los demás también nos pertenezca".

Primeramente me gustaría darle las gracias a Dios por hacer que este libro fuera una realidad y me permitiera compartir mi historia. Me costó mucho poder compartir mis experiencias personales pero, descubrí, que esto podría contribuir en mi proceso para sanar.

En segundo lugar, agradezco profundamente a Angelina Cornejo y Alexia Aguilar Campuzano por el compromiso y el esfuerzo en traducir este libro al idioma español, las aprecio enormemente. A través de ustedes muchas personas de habla hispana podrán leer y encontrar una ayuda disponible. Muchas gracias.

Quiero expresar un enorme sentimiento de gratitud a mi pastor, Osien Sibanda, por su apoyo, conocimiento y las contribuciones que hizo al material de este libro. También estoy inmensamente agradecido con Geoff Watson, un colega con el que he trabajado durante años y que amablemente me ayudó con la edición y contribuyó al contenido de este libro. Un agradecimiento especial, Geoff, que el Señor te recompense por tu amabilidad. A mi amiga Faith Khisa, muchas gracias por estar conmigo en mis momentos difíciles, incluso cuando era muy testadura y me reusaba a aceptar apoyo de cualquiera persona.

Finalmente quiero expresar mi sincera apreciación a mis hijos, Alvin and Jeff. Ustedes son una bendición especial para mí. A mi esposo, el padre de mis hijos, Ducan, quien al momento de concluir este libro fue una vez más parte de la familia. Gracias por darme una razón para escribir este libro y ser la voz de madres solteras.

Este es un libro a base de vidas y eventos reales. Cualquier situación o nombre citado, los nombres han sido alterado para preservar el anonimato.

Contenido

Introducción 7

Capítulo 1:
El trasfondo de la crianza soltera 11

Capítulo 2:
Experiencias personales 17

Capítulo 3:
Historias de amigos 23

Capítulo 4:
Ejemplos bíblicos de madres solteras 29

Capítulo 5:
El impacto de la crianza monoparental en el padre 35

Capítulo 6:
El impacto de los padres solteros en los niños 39

Capítulo 7:
Familia monoparental y sociedad 43

Capítulo 8:
Cosas que he aprendido como madre soltera 45

Capítulo 9:
Pensamientos finales 51

Introducción

Probablemente has escuchado el viejo dicho que dice que ser padre es uno de los papeles más satisfactorios en la vida. Es verdad – ¡pero también es el rol en el que te calificas antes de realizar un entrenamiento o examen! No debería sorprendernos de que el viaje de ser padre sea una mezcla de golpes, felicidades y accidentes por el camino.

Para la mayoría de las personas, ser padre es emocionante y satisfactorio pero al mismo tiempo es un viaje incierto. Es donde madres, padres y cuidadores aprenden algo nuevo en cada etapa de la vida de sus hijos. Este aprendizaje nunca para ¿por qué? Porque "el que es una vez padre, siempre será padre", aun cuando los niños hayan crecido y se hayan convertido en adultos

Si bien es satisfactorio, la crianza de los hijos nunca fue para una sola persona. La mayoría de los padres han informado que el camino de la paternidad está plagado de una amplia gama de emociones que van de la frustración a la gran satisfacción, todo al mismo tiempo. Sin embargo, es justo decir que esta montaña rusa de emociones es mucho más intensa para los que lo hacen sin ayuda.

En su creación, Dios dijo: "no está bien que el hombre esté solo" y que "dos son mejor que uno" (Gen2:18). Estos versículos explican el poder de tener un mecanismo de apoyo en una familia, de modo de que si uno cae, la otra persona la ayudaría a levantarse. Las escrituras que utiliza este contexto se basan en el matrimonio, pero son muy relevantes para el papel de los padres. La expresión "se necesitan dos para bailar tango" no podría ser más cierta.

La biblia explica que el hombre y la mujer fueron creados para vivir juntos para criar "descendencia piadosa" (Malaquias 2:15). El concepto de "descendencia piadosa" ha sido desafiado a lo largo de los años por situaciones y circunstancias de la vida individual o familiar, a veces resultado en hogares con un solo líder. Un buen ejemplo, es la historia de Agar (encontrado en el libro de Génesis) quien tuvo que criar a su hijo Ismael como madre soltera (mire el capítulo 5 de este libro para más detalles).

Vivimos en un mundo donde la gente es libre de hacer elecciones independientes. Algunas personas han elegido vivir vidas solteras y criar a sus niños por si solas. En otros casos, hay personas que se encuentran en situaciones fuera de su control. Cualquiera que sea la situación, el impacto en los padres y los hijos es significativo y vale la pena explorar.

Los desafíos a los que se enfrentan los hogares monoparentales no pueden, en términos generales, compararse con aquellos en los que ambos padres están presentes y no pueden ser ignorados por más tiempo. Como sociedad, el entender como apoyar hogares monoparentales contribuirá a mejorar sus vidas, incluida la de los niños y generaciones futuras. La "elección "de crianza soltera no es para todo el mundo y, para la mayoría de las madres solteras, esto no es una "elección" en lo absoluto. He hablado con un número significativo de madres solteras que han compartido sus

Introducción

experiencias difíciles, y yo describo algunas de sus historias en el capítulo 3.

Yo he vivido como madre soltera muchos años. En este libro, comparto mi experiencia y discuto el impacto de ser madre soltera en los padres e hijos, y también las oportunidades que tiene la sociedad para apoyar a las familias monoparentales en situaciones difíciles. Cito ejemplos bíblicos y de otro tipo de madres solteras y como superaron estos desafíos. Además, proporciono ejemplos de experiencias de la vida real de mujeres con niños dependientes que han enfrentado desafíos difíciles.

Espero que este libro te ayude a entender no solo los desafíos de las madres solteras, sino el poder de las madres solteras para criar hijos con éxito. Además de los ejemplos de familias monoparentales, hay consejos sobre cómo las madres pueden cuidarse a sí mismos para vivir una vida profundamente plena.

El Trasfondo de Crianza Soltera

Capítulo 1

HOY EN DÍA ser padre es una tarea gigantesca aun cuando los dos padres están presentes, esto se debe a muchas cosas diferentes (especialmente cuando los niños son pequeños), puede incluir cargas financiera, recursos de cuidado infantil y tener que hacer malabarismos con el trabajo y la escuela, etc. Para los padres solteros, esto es todavía más difícil, y peor para aquellos padres con bajos ingresos. La imposibilidad de pagar el cuidado de niños, tomarse un día libre por enfermedad y descansar solo cuando el niño duerme, puede afectar la vida de cualquier persona. Existe la desventaja adicional de no tener a nadie con quien puedas compartir los momentos encantadores y las rabietas, y que nadie pueda asegurarte que lo que estás haciendo bien.

Las estadísticas de todo el globo pintan una imagen sombría de este problema. La información obtenida de la oficina Nacional de Estadísticas (ONS) indica que, en el Reino Unido en 2017, habían 1.6 millones de madres solas con hijos dependientes. El reporte continua explicando que el costo semanal del primer hijo de un padre solitario, es más caro que el de un hijo con dos padres.

Esto quizá se puede atribuir al costo adicional del cuidado de los niños para permitir que los padres trabajen.

El informe continúa explicando que esta tendencia prevalece durante los primeros 17 años de vida de un niño y que el periodo más caro con respecto al costo semanal de un niño dependiente en su hogar monoparental ocurre dentro de los primeros dos años, así que disminuye de allí hasta la edad de 11 años. Las implicaciones financieras para los padres y madres solteras son reales, que incluyen demandas adicionales para hacer malabarismos entre el trabajo y el cuidado de los niños.

La tendencia es similar en Estados Unidos donde, según la guía de madres solteras, una página educativa en Estados Unidos para madres solteras, alrededor de 4 a 10 niños nacieron a madres solteras en 2017. Casi dos tercios nacieron de madres menores de 30. Las investigaciones estiman que uno de cuatro niños menores de 18 años —un total de 17.2 millones— actualmente están siendo criado sin padre. De todas las familias monoparentales en EE. UU., las madres solteras constituyen, con mucho, la mayoría.

La iglesia en si no se ha librado de esta epidemia y ha visto relaciones de alto perfil terminar en divorcio dentro de sus propios números. Para el momento en el que escribí este libro, el líder de una iglesia internacional dejó a su esposa de muchos años con cinco hijos a su cuidado. Ella se encontró de repente siendo una madre soltera de la noche a la mañana con niños devastados; el impacto en la familia y la iglesia en general fue inaguantable. Aproximadamente en ese mismo tiempo, otro personaje famoso de la televisión también dejó a su esposa de varios años con niños muy afectados por las circunstancias.

Las estadísticas que nos entristecen al leer, ilustran la gravedad de esta epidemia y su impacto en el estado de ánimo en aquellos más vulnerables de nuestra sociedad. El padre soltero a menudo se queda exhausto y decepcionado y, a menos que se lo apoye, le lleva mucho tiempo volver a levantarse. Sin embargo, la Iglesia y la comunidad en general se involucran positivamente con los padres y las madres solteras por extensión, con los niños que crecen en este hogar y tienen un impacto muy positivo en sus vidas.

¿Qué es la crianza monoparental?

El diccionario Collins define que un padre soltero (hogar monoparental) es aquel que está criando a un hijo por su cuenta porque uno de los padres no vive con ellos. Hay varias razones por las que las personas viven como madres y padres solteros, esto podría incluir divorcios, viudas y mujeres que eligen tener un bebé sin pareja o separación.

Históricamente, la muerte de una esposa/o era común en los hogares monoparentales. A menudo, esto era provocado por enfermedades o guerras. Sin embargo, con las mejorías en las atenciones médicas —especialmente en los países industrializados— las tasas de mortalidad en las personas en edad reproductiva se han reducido significativamente en el siglo pasado, lo que hace que la muerte sea una causa mucho menos común en la crianza monoparental.

Por otro lado, la tasa de divorcios y separación han aumentado exponencialmente en los últimos tiempos. Mientras que cada relación es diferente y compleja de entender, la relativa facilidad del divorcio en el Occidente en el siglo XXI podría ser un factor contribuyente. En el mundo de hoy, solo se necesita menos de un día para formalizar un divorcio; en épocas anteriores, esto podría llevar meses o hasta años.

En otras partes del mundo, una pareja tendría que pasar por un complejo proceso tradicional antes de poder divorciarse legalmente. Este largo proceso está claramente implementado para desalentar el divorcio y podría ser agotador incluso para aquellos decididos a poner fin a su matrimonio. Sewly Hughes, en su libro *Matrimonio como Dios quiso*, señala que las estadísticas sobre el estado del matrimonio del siglo XXI son una lectura deprimente. Continúa argumentando que los puntos de vista de la sociedad sobre el matrimonio han cambiado drásticamente los años. Las estadísticas del divorcio recientes de la oficina de estadísticas nacionales indican que el 42 % de matrimonios en Inglaterra y Gales terminan en divorcio.

La separación ocurre cuando los cónyuges en un matrimonio dejan de vivir juntos sin divorciarse. Las parejas casadas pueden separarse como un paso inicial en el proceso de divorcio o para obtener una perspectiva del matrimonio y determinar si el divorcio es lo que quieren.

Las investigaciones han encontrado que la separación promedio dura un año o menos. Las parejas que finalmente se reconcilian, logran hacerlo dentro de los primeros dos años. Más allá de los dos años, existe una pequeña posibilidad que la pareja se reconcilié. Muchas parejas que acaban divorciándose después de tres o cuatro años separados.

La tendencia de los nacimientos de mujeres solteras ha cambiado a lo largo de los años. Las mujeres ahora lo dejan para más tarde, ya sea para tener un bebé con o sin pareja. Un número significativo lo está haciendo para reclamar el escalafón profesional o para persuadir una vida independiente.

Para muchas parejas modernas, el matrimonio no es algo que deseen considerar por una variedad de razones, y muchos se contentan con tener hijos dentro de una relación a largo plazo o dentro de una relación conyugal. Las estadísticas sugieren que este tipo de relaciones tienen la misma probabilidad de fracasar que los matrimonios tradicionales, por lo que también pueden conducir a la paternidad sin pareja.

Cada viaje de madres y padres solteros es difícil y, aunque hay más madres solteras que padres solteros, la experiencia es muy diferente para cada uno de ellos y nunca es fácil.

¿Por qué existe la crianza monoparental?

La mayoría de gente cree que un matrimonio saludable es la mejor receta para brindar una estabilidad tanto para la pareja como a los hijos de la familia. Las parejas pueden compartir las alegrías y los desafíos de la vida; algunos argumentan que el matrimonio es el antídoto más eficaz contra la ruptura familia. Por supuesto que existen otros beneficios, que incluyen la estabilidad financiera, el compañerismo y apoyo conjunto para los niños.

Ninguna pareja se casa jurando: ¡Hasta que nos separemos o divorciemos! Siempre hay un reconocimiento de compromiso y amor al comienzo de un matrimonio. Lo que sucede en el futuro cuando las cosas van mal, es una pregunta que no se puede abordar con una sola respuesta. En esas situaciones, es muy fácil cuestionar una gran cantidad de temas, por ejemplo, si las dos personas pasaron por alguna preparación antes de contraer matrimonio, o si ambas partes se comprometieron entre sí en primer lugar.

Cualquiera que sea la situación, cada relación es diferente y debe considerarse por derecho propio.

La siguiente cita de un artículo del periódico The Independent (2018) sobre relaciones fallidas, fue estimulador de una serie de pensamientos: "El compromiso que se requiere para casarse debe funcionar para que las parejas se unan en los momentos difíciles que ocurren en cualquier relación." Esta declaración ilustra claramente el trabajo duro que se requiere para mantener unida a una pareja.

Experiencias Personales   Capítulo 2

EL MUNDO DE una madre soltera es un poco atolondrado en muchas maneras diferentes. Es una vida que no se entiende claramente, incluso para quienes se encuentran viviendo en ella, a menos que lo hayan planeado —lo cual es la minoría.

Para algunos, la razón para convertirse en madres solteras es un área que es mejor dejar sola, ya que provoca recuerdos dolorosos; estoy segura de que es un tema en que enciende muchas preguntas sin respuestas concretas.

Una amiga mía (que está felizmente casada) hace poco atendió a un taller que fue organizado por madres solteras. Ella quería entender cómo podía apoyar a una amiga especial que estaba en esa situación. Como parte del taller, las madres solteras compartieron libremente sus experiencias de vida de manera honesta en lo que era un espacio seguro. Fue una buena manera de que las mujeres se brindaran apoyo moral entre sí y claramente estaba teniendo un impacto positivo. Mi amiga, madre de dos hijos, encontró el taller muy inspirador, pero no estaba preparada para lo que escuchó en la discusión.

Me dijo que las experiencias compartidas por las madres de hogares monoparentales que asistieron le causaron bastante angustia. Ella fue lo suficientemente sincera para decir que ella no sabía que la gente viviera en tales dificultades mientras mostraba poco de este impacto en el exterior. Tengo que agregar, que mi amiga siempre ha tenido un esposo a su lado y esta experiencia fue una con la que no pudo alegar y que la dejó sin palabras. La experiencia de mi amiga no es poco común: Las personas cercanas a las madres solteras, así como la sociedad en general, luchan por comprender la vida de estas.

Mientras que la noción de ser madre soltera no es nueva y ha existido desde el comienzo de la humanidad, la sociedad todavía lucha por comprender la magnitud de los desafíos que enfrentan las familias monoparentales. Ya sea una elección de vida o no, las madres solteras se las arreglan con lo que tienen en circunstancias muy difíciles. Debido al estigma asociado al ser una madre soltera a muchos les resulta difícil hablar sobre su situación o buscar ayuda. Por lo tanto, es necesario comprender la vida de una madre o padre soltero/a para poder apoyarlos y a sus hijos de manera efectiva, lo que contribuirá a lograr una comunidad unida. En los siguientes capítulos, estaré compartiendo algunos aspectos de mi vida como madre soltera. También compartiré historias reales de madres solteras y algunos ejemplos bíblicos de situaciones iguales y como se arreglan para atravesar las tormentas de la vida.

Mi historia

Soy madre de dos niños y fui madre soltera por más de 15 años. Cuando era niña, me crié en un ambiente muy unido en Kenya y siempre fui cercana con mis padres. Como tal, quería enorgullecerlos y que mejor manera que "casarme bien", según la manera en que me criaron, adhiriéndome a las normas de la iglesia. Mi boda en la iglesia fue espectacular y mi padre me acompañó por el pasillo; nunca hubo un momento de más orgullo para los dos. Mi padre me iba a entregar a un hombre que había conocido por muchos años; estaba preparada para comprometerme y pasar el resto de mi vida con él. Ese era "momento wow" con el que sueñan la mayoría de mujeres jóvenes.

Los preparativos para la boda habían comenzado meses antes del día de la ceremonia. Las damas de mi boda habían pasado los días anteriores mimándome con todo tipo de productos de belleza. La peluquera se tuvo que quedar a dormir para asegurarse de que el peinado estuviera bien. El vestido fue traído desde el extranjero y llegó justo a tiempo. Ese era el momento que estuve esperando por tantos años y estaba preparada para celebrar. A la boda asistieron masas de personas invitadas o no, lo que la hizo realmente especial.

Tal fue la emoción de la celebración que olvidé que estaba usando mi vestido de novia y bailé toda la noche.

Mi esposo y yo tuvimos un gran comienzo en nuestro matrimonio y decidimos emigrar a Inglaterra y empezar una vida nueva. Esto lo hicimos sin ningún problema ya que estaba asentada y ya estaba trabajando allí. Después de un año de casados, nuestro primer hijo vino y nos trajo gran felicidad a nosotros, a nuestras familias y amigos. Mi marido en este tiempo estaba dirigiendo una empresa en el extranjero y viajaba frecuentemente. Nuestro segundo hijo vino tres años después y otra vez estábamos todos llenos de alegría. Mi marido continuó trabajando en el extranjero por lo que pasaba algunos meses fuera. Él volvía a casa por algunos meses y luego se iba otra vez por periodos largos. Esto estaba empezando a causar tensión en nuestro matrimonio pero, él estaba decidido a seguir viajando y dirigiendo su negocio.

Mientras tanto, el trabajo me estaba pasando facturas y tener que criar a dos niños pequeños por mi cuenta era estresante la mayoría del tiempo. Mis finanzas fueron un gran problema, al igual que el cuidado de los niños, el trabajo, —y lo demás— y todo estaba sucediendo ante mis ojos. No pude explicar lo que me estaba pasando, en parte porque era una ingenua y quería ignorar lo que sospechaba que estaba sucediendo. Me di cuenta que estaba entrando en un túnel oscuro, y para entonces, había perdido la cuenta de los frecuentes viajes de negocios de mi esposo. Y en su último viaje, él estuvo fuera por mucho tiempo.

La vida simplemente fue de mal en peor. Corría como un pollo sin cabeza entre trabajos, cuidado de niños y la casa. Dejaba a mis hijos con quien quisiese tenerlos para poder ir a trabajar; necesitaba pagar las facturas, comida en la mesa y la lista de necesidades era interminable. Lloraba todas las noches y me despertaba con los ojos hinchados y enrojecidos. ¿Cómo no caí en una depresión profunda?, sigue siendo un misterio. Mis temores se habían hecho realidad y eventualmente aprendería que mi esposo y yo nos estábamos separando y que ya él se había mudado con otra mujer y no había forma de hacerlo regresar. ¿Cómo iba a criar a mis hijos por mi cuenta? ¿Y qué tal mi trabajo? ¡Necesitaba trabajar y mantener la familia! ¿Había alguna manera de salir de esto? ¿Habría alguien que me escuchara? Ni siquiera tenía tiempo para cuidarme a mí. No puedo ni contar las veces que me puse la ropa al revés durante el oscuro invierno. El clímax de todo esto fue cuando un día me puse zapatillas de diferente color para ir a trabajar y solo me di cuenta ¡a la hora del almuerzo! Menos mal

Experiencias Personales

que eso termino en risas, eso me hizo sentir aliviada ya que no me había reído tanto durante muchos años.

Sin embargo, las cosas no se estaban poniendo fáciles para mí. Me estaba preocupando mucho por mis hijos, quienes lloraban a diario por su padre. Esto fue lo que encontré más difícil de todo. ¿Qué les iba a decir? Una cosa era que el padre me dejara a mí, pero era distinto es de que ellos no comprendieran, con su entendimiento limitado, las razones detrás de las acciones de mi esposo.

Recuerdo vívidamente cuando uno de mis hijos escribió una carta en el colegio. La profesora me la entregó cuando lo fui a recoger. En la carta había una nota para su padre suplicándole que volviera a casa con una oración "que cualquiera que fuera el negocio que estuviera haciendo, saliera bien para que pudiera tener tiempo de venir a verlo." ¡Mi hijo había hecho un dibujo de una lágrima muy grande! No puedo explicar cómo eso me rompió el corazón. Saber cómo mi hijo se sentía y el no poder ayudarle, fue difícil de soportar. No sé ni como pude conseguir sueño esa noche. Sin embargo aprendí a orar y a pasar tiempo a solas con Dios quien se convirtió en un amigo muy cercano. Hasta el día de hoy, esta relación es algo que todavía es muy especial para mí. Necesitaba a alguien para darle todo mi corazón y alguien con quien tener una confianza cercana; alguien que no me juzgara, alguien que entendiera mi dolor y alguien que también estuviera interesado en las aventuras de mis hijos.

Además, las noches empezaron a ser menos solitarias cuando empecé a concentrarme en mantenerme ocupada con varios proyectos. Completé mi maestría durante este tiempo; grabé dos álbumes musicales y escribí un libro. ¡Increíble! Justo lo que necesitaba en ese tiempo; algo que quitara toda mi atención de ese dolor que estaba sintiendo y concentrar mi energía en algo más productivo.

Mientras tanto, mis hijos continuaban creciendo, aunque apoyados por familia y amigos, quienes siempre les estaré agradecida. Mi padre me llamaba para animarme, me decía que todo iba estar bien. Además, una amiga cercana decidió pegarse a mí durante ese tiempo. Yo era su "asignación" y ella se aferró a mí, oro por mí y se mantuvo en contacto semanalmente. Ella está en mi lista de personas especiales y gente a la que estaré agradecida por siempre.

En el momento en que escribir este libro, las cosas estaban mejorado mucho y aunque el tiempo no es un sanador completo, es un reflejo de dónde vengo y hasta donde me ha llevado Dios.

Historias de Amigos Capítulo 3

La historia de Karen

Mi amiga Karen fue madre soltera de tres hijos, dos niños y una niña, todos con edades menores a 10 años. Ella trabajaba en el supermercado local como ejecutiva de marketing. Karen había sido una madre soltera desde que nació su hija más pequeña. Su marido Joe (el padre de sus tres hijos) se había ido de la casa cuando la niña más pequeña nació.

Karen y Joe eran novios desde la infancia y crecieron en el mismo vecindario, los recuerdos de su amor se remonta a los años de preescolar. Asistieron al mismo colegio de primaria y siguieron viéndose en secundaria; esto continúo en sus años universitarios. Su relación era bien conocida para sus amigos, quienes los describían como la pareja perfecta. Al terminar su carrera de universitaria Joe, no perdió tiempo en proponerle compromiso a su novia de la infancia, quien estaba muy feliz. El espectacular compromiso fue muy felicitado por familiares y amigos que vinieron en gran números para presenciar lo que todos habían estado esperando. Un año después, la pareja empezó a hacer planes para su boda.

Este fue una celebración mucho más grande, con cientos de amigos que asistieron para presenciar la unión de dos enamorados en un matrimonio sagrado.

Karen se veía impresionantemente feliz y también Joe, quien no podía esperar para casarse. El día tan esperado finalmente llegó y la pareja gritaba de alegría y ansiaba comenzar a vivir juntos. La vida era emocionante para la pareja recién casada que comenzó su luna de miel tomando un crucero de vacaciones. Luego se embarcaron en una gira por el mundo en el primer año de su matrimonio antes de que finalmente se establecieran. Planearon comenzar a tener hijos un año más tarde. Todo fue según el plan y tuvieron su primer hijo un año después, trayendo alegría no solo a su familia si no a todos en su alrededor. Poco después, vino en camino su segundo hijo. Esto funcionaba bien para la pareja, quienes tomaban trabajos a medio tiempo para acomodar el cuidado de los niños mientras balanceaban la vida familiar.

En el quinto año de su matrimonio, el bebé número tres vino al mundo añadiendo felicidad de la familia. Sin embargo, teniendo tres hijos no solo trajo alegría sino que amplió aún más los recursos necesarios para la familiar. La demanda de tiempo, dinero y escuela comenzó a afectar a la pareja, a pesar de la ayuda y el apoyo de su familia inmediata. Joe empezó a llegar a casa tarde y gradualmente esto significó que su tiempo no estaba disponible para su familia y que estaba ausente en las responsabilidades con los niños. Por otra parte, el dinero estaba empezando a estar escaso. Joe empezó a pasar fines de semanas fuera de casa sin avisar y no aparecía hasta días después.

Karen se dio cuenta de que algo iba mal pero se mantenía ocupada con sus hijos pequeños. Decidió mantener todo junto para mantener la estabilidad de la familia. Ella luchaba por sostener un equilibrio entre la familia, el trabajo y el cuidado de los niños. Ella compartía todas sus dificultades con su familia y amigos, quienes le aconsejaban que hablara con su marido al instante. Pero… ¿Cómo podría hacer eso si casi ni lo veía? Finalmente se las arregló para hablar con él pero no pudieron llegar a ninguna solución.

Joe continuó dando excusas sobre tener mucho trabajo y diciendo que necesitaba trabajar duro para poder proveer a la familia. Lo peor estaba por venir, sobre todo, cuando Karen empezó a notar a Joe alejándose de ella para hablar por teléfono. En una ocasión, Karen contestó el teléfono de su marido, y escucho otra mujer. Más tarde se enteraría de que aquí era donde radicaba el problema. ¡Joe estaba viendo otra mujer! Todo tenía sentido ahora. Los frecuentes fines de semana fuera de casa, las financias menguantes y la actitud rara que veía con todo esto: Joe estaba viendo a alguien más.

Karen tenía el corazón roto. Ese era el amor de su infancia y el padre de sus hijos. Todavía lo amaba pero odiaba lo que él le estaba haciendo a ella y a sus hijos. Ella estaba emocionalmente agotada y estaba luchando por trabajar. Antes de que pudiera manejar algo más, su amado esposo empacó sus pertenencias y dejó la casa una mañana a la vista de la familia. Era como una pesadilla. Los niños estaban gritando y llorando diciendo: "¡Papá no nos dejes solos por favor!" Todo esto cayó en oídos sordos cuando Joe rápidamente entró en su auto y se fue. Esta fue la última vez que supieron de él. Mientras tanto, Karen estaba rota en pedazos y totalmente desconcertada pensando de cuál sería el siguiente paso a tomar o que hacer.

Tomó cinco años más la ayuda de su familia y amigos para que Karen se pusiera de pie otra vez. Dijo que la confianza era algo que le tomaría más tiempo en recuperar.

La historia de Sue

Sue es una madre de 45 años de dos niños adolescentes. Conocía a Sue de algunos años, habiéndola conocido en la universidad mientras completaba mis estudios de posgrado. Sue era conocida por ser meticulosa y muy organizada con todo lo que hacía. Ella era enérgica y extrovertida; una mujer la cual llenaba de alegría donde sea que fuera. Amaba a sus hijos y siempre hablaba de ellos a sus amigos y compartía sus progresos del colegio. Cuando conocí a Sue en un evento del colegio en el asistieron nuestros hijos, estuvimos muy emocionadas de vernos y acordamos en ponernos al día para charlar.

Fue una alegría poder ponernos finalmente al día en mi casa; las dos estábamos ansiosas por un momento de compañía. Sin embargo, cuando nos sentamos a tomar café, vi una mujer totalmente diferente. La mujer extrovertida se había transformado en una persona tímida y retraída, quien solo hablaba con palabras limitadas. Casi no me miraba y me costó creer quien era la persona sentada enfrente a mí. Ella literalmente miraba por encima de su hombro y se veía como si estuviera perdida en pensamientos profundos durante la conversación. También había perdido mucho peso y estaba todo el rato revisando su móvil esperando una llamada. Romper el hielo fue difícil, dado las circunstancias.

Comencé la conversación recordando momentos de nuestros días en la universidad. A este punto, vi un destello de una sonrisa distante. Mientras recordamos los viejos días, Sue empezó a relajarse y progresamos a tener una charla más íntima y personal. Pero no estaba preparada para lo que iba a decir a continuación.

Sue me contó que recientemente se había separado de su marido de 15 años. Peor aún, a pesar de irse lejos de su casa familiar, su ex marido la estaba acosando. Me contó que había pasado por un abuso físico y emocional extremo en presencia de sus hijos. Durante años ella intentó proteger a su familia pero no pudo soportar más.

José (marido de Sue) es bajo de estatura, musculoso y un hombre atlético. Era amado por todos aquellos que le conocían y era conocido por ser un hombre trabajador. Le encantaba beber y por eso era conocido por otros hombres en el bar local como una persona con un temperamento inestable que se enoja muy rápido. En un incidente había agarrado a un hombre en el cuello hasta que se desmayó. Tanto era la reputación de José, que nadie se atrevía a retarle, ni siquiera sobre su relación con Sue.

José había abusado continuamente de Sue durante años con críticas y hasta llegar al punto de amenazarla de que la iba ahorcar —literalmente todos los días. Él salía y volvía temprano en la mañana demandando comida entre otras cosas. Sue se quedaba despierta hasta tarde y cocinaba para asegurarse de que él tuviera su comida cuando llegara. En muchas ocasiones, José rechazaba la comida y empezaba discusiones de la nada, las cuales culminaban en el agrediéndola físicamente o hasta tirándole la comida a ella. Sue no podía contar las veces que había visitado el hospital local y explicó que se sentía como si estuviese caminando en cáscaras de huevo. Siguió contándome que, durante uno de estos episodios, José llegó a casa tarde por la noche y amenazó en ¡matar a toda la familia! Ese fue el punto de quiebre. Tuvo que tomar la decisión de salvar a sus hijos y decidió dejarlo.

Sue se mudó a un alojamiento alquilado con sus hijos, completamente consciente de los riesgos que representaba José. Esto no estaba muy lejos de la verdad porque, el siguiente día, José había hecho infinitas llamadas y había dejado mensajes amenazantes. Ella tenía mucho miedo y llamó a la policía para que se encargara de la situación. Desafortunadamente, esto no detuvo a José. En un incidente, Sue pidió a un fontanero que le arreglara una tubería en su nueva dirección. Sin ella saberlo José estaba en la esquina, esperando a que el fontanero volviera a su furgoneta. Él empezó una discusión y estaba listo para pelear. El problema para él era que —en su opinión— el fontanero ni tendría que haber tenido contacto con su mujer. La policía tuvo que ser involucrada de nuevo. Tanto era el temor, que Sue no podía dejar la casa ni socializarse con sus amigas.

Sue pudo sin embargo obtener apoyo para sus niños y protección contra el comportamiento abusivo de su ex marido, incluyendo ayuda legal para detener a José de acercase a su nueva dirección. Ella me contó que el problema de su temor era algo en lo que todavía estaba trabajando con ayuda terapéutica pero que iba a tomar tiempo en resolver.

Ejemplos Bíblicos de Madres Solteras

Capítulo 4

Agar (Genesis 21)

La historia de Agar en el libro de Génesis es desgarradora. Es fácil decir que Agar se estaba "entrometido" en el matrimonio de Sarah hasta que entiendas su historia y el contexto. Agar era esclava de Sarah, la mujer de Abraham, quien había sido infértil por mucho tiempo. En aquellos días era considerado que las esclavas también podían ser usadas por sus amos como concubinas con el propósito de "criar" más esclavos. Afortunadamente para Agar este no era el caso, Sarah quería usar a Agar como una madre sustituta.

Sarah le dijo a su marido que Dios le había impedido tener hijos. Entonces ella tomó a Agar y se la dio a su marido para que durmiera con él. Es claro en la Biblia que este no era el plan de Agar y que probablemente nunca pensó que tendría un hijo con el esposo de su ama. Uno puede estar de acuerdo en que fue obligada en participar en un acto que nunca planeó. Ella pudo haber respondido de otra manera pero se vio obligada a ser obediente a su dueña Sarah. Tan pronto ella concibió un bebé, todos los problemas comenzaron. Agar ahora menospreciaba a su dueña y, en recambio, Sarah empezó a tratarla duramente. Como resultado, Agar se escapó al desierto embarazada.

Aprendimos que, mientras estuvo en el desierto, Agar se encontró con Dios quien le dijo que volviera a Sarah y se sometiera a su autoridad. Ella entonces volvió a Sarah y comenzó a vivir con ella de nuevo. En Génesis 21, Sarah por ahora —a pesar de su edad— tenía su propio hijo, Isaac, y los niños crecieron juntos. Sin embargo, un día Sarah vio Ismael (hijo de Agar) burlándose de su hijo Isaac. Esto le molestó y mandó a Abraham a enviar a los dos —Agar y su hijo— lejos. Abraham estaba angustiado por esto, pero Dios le dijo que hiciera lo que Sarah le dijo.

A Agar e Ismael los mandaron lejos de Sarah. La mañana siguiente salieron de esa casa con solo agua y pan para sobrevivir. Cuando el agua se acabó, Agar abandonó a Ismael su hijo bajo un arbusto porque "no quería ver al niño morir". Claramente fue un escenario desesperante, donde una madre soltera había agotado todas sus opciones y tuvo que dejarlo para no verlo morir de hambre. La escritura no nos dice donde durmieron o vivieron; es posible que ellos durmieran en el desierto con el obvio riesgo de su vida y la de su hijo. Vemos otra vez mas a Dios interviniendo en la vida de Agar y la de su hijo haciendo el milagro donde le provee agua. Sabemos que esta fue una exitosa historia, ya que el niño sobrevivió y ahora tenemos muchas generaciones de la línea de Ismael.

Elijah y la viuda zarepta

Esta es la historia de una mujer quien era viuda y tenía solo un hijo. Dios le dice al profeta Elías que vaya a Zarepta, a una viuda a quien Dios le había dado instrucciones de proveer alimentos para él. Antes, en aquella época, las viudas eran vistas como personas desaventajadas pero esta viuda era de gran ayuda. ¿Por qué Dios le diría a Elías que fuese a que una viuda para que les diese comida a otras personas? ¿Y una que estaba en necesidad? ¿Podría ser está una ocasión donde Dios quería mostrar su amor por aquellos percibidos como humildes y desaventajados?

Seguramente había muchas personas que Dios podría haber usado pero eligió especialmente usar a esta viuda. Él bendeciría milagrosamente a esta mujer que eligió ser obediente sirviendo a Dios a través de Elías.

Las escrituras continúan explicando que, cuando el profeta Elías la conoció estaba juntando palos para cocinar, las cuáles ella describió como su última cena. Las escrituras no nos dicen como se convirtió en viuda. No obstante, la Biblia claramente da un relato de la mujer en circunstancias desesperadas. La mujer, que solo tenía un hijo, no tenía suficiente para comer y le dijo a Elías que ella tenía menos que una galleta para sobrevivir. La conversación entre la viuda y el profeta invita a la reflexión: "Tengo un puñado de harina en un recipiente y un poquito de aceite en una botella; me encontraste rascando justo la madera suficiente para hacer mi última cena para mi hijo y para mí; después que comamos, nos moriremos de hambre". Uno puede asumir con seguridad que había una gran cantidad de otras necesidades no satisfecha en la casa. ¿Posiblemente su alquiler estaba pendiente? ¿Y el agua y otras necesidades básicas? Había un aire de desespero en su respuesta a Elías: "comeremos nuestra última cena y moriremos de hambre". La historia gráficamente ilustra el desafío típico de una madre soltera con responsabilidad añadida de un niño dependiente.

Como se muestra en la historia de Agar, Dios siempre tuvo y tiene un plan para aquellos en situaciones desesperadas. Salmos 68: 5 dice: "Padre de los huérfanos y protector de las viudas, es Dios en su Santa morada." El que enumera los cabellos de nuestras cabezas, no ignorará a los niños que viven como huérfanos. Vemos la mano de Dios obrando en el corazón de la viuda cuando Elías realizó un milagro y su jarra no se quedó sin comida y su botella de aceite no se quedó vacía.

¡La mujer que estaba preparando la última cena para comer y morir, ahora tenía suficiente pan para comer y reservar! Es increíble lo que Dios puede hacer cambiando situaciones sin esperanza del vacío a la abundancia. ¡Otra historia exitosa!

El aceite de la viuda

Esta es una historia sobre una mujer que no se nombra pero se menciona como la esposa de un hombre del gremio de profetas. Su marido se había muerto y lo había dejado en deuda. Los cobradores venían a llevarse a sus dos únicos hijos como esclavos para pagar la deuda. La mujer, desolada por lo que le iba a pasar a sus hijos, buscó al profeta Elías para pedir ayuda. Elías le pregunto a la mujer que quería que hiciera y también preguntó que tenía ella en la casa. A esto, ella respondió: "solo un tarrito pequeño de aceite". Elías le pidió que enviara a sus hijos a pedir prestados contenedores vacíos a sus vecinos —y no solo unos pocos, sino todo lo que pudieron encontrar. Dios estaba a punto de hacer un milagro el cual iba a sorprender a la mujer.

La historia nos cuenta que la mujer y sus hijos siguieron las instrucciones del profeta y llenaron todos los contenedores con el poco aceite que tenían hasta llenar el último contenedor que habían adquirido. La mujer luego vendió el aceite para pagar la deuda que tenía y le quedó lo suficiente para mantenerse a ella y a sus hijos. ¡Esto era extraordinario! La mujer quien hace unos pocos minutos estaba por perder a sus hijos ahora estaba nadando en abundancia.

Esta era otra clara demostración de cómo Dios satisfizo las necesidades de la viuda en una manera milagrosa.

La viuda persistente

La historia de esta viuda en el libro de Lucas es angustiosa, como mínimo. Esta fue presentada como una parábola por Jesús a sus discípulos y fue/es una clara demostración del gran amor y misericordia que Dios nos tiene. La historia enfatiza la importancia de la persistencia y la necesidad de orar sin cesar.

La parábola cuenta de una viuda desesperada quien estaba buscando justicia y protección legal de su adversario. Ella se enfrentaba a un juez quien "no le tenía miedo a Dios ni respeto al hombre." ¿Qué esperanza tenia esta mujer en presencia de una persona tan arrogante en una oficina poderosa? Si no tenía respeto ni al hombre, ¿que respeto o consideración iba a tener por una mujer? ¿Y mucho menos a una viuda? ¿Crees que la historia de la viuda hubiera sido diferente si su marido estuviera vivo? Esos también eran tiempos donde las viudas eran vistas como desesperadas y este juez sería muy consciente de ello. ¿Quién era, o donde estaba, su apoyo? ¿Tenía familia o vecinos quienes pudieran apoyarla? ¿Pertenecía a una iglesia o un grupo de comunidad? ¿Era posible que aquellos cercanos a ella pudieran potencialmente ha sido la causa de su dolor?

Sin embargo, la viuda era persistente y siguió yendo al juez por justicia. No tenía otra solución y estaba determinada a no dejarlo ir, ya que sabía que esta era la única manera de obtener justicia. El juez "cansado de ser molestado porque ya estaba convirtiéndose en una molestia intolerable", le dio justicia y legal protección para quitársela del camino.

Mientras que la moraleja de la historia es de ser persistente, el orar a dios que nos ama y nos responde, uno no puede fallar al entender en la historia la miseria que rodeaba a esta mujer. Ella se negó a ser engañada y permaneció tenaz, sabiendo que ahí era donde estaba su respuesta.

Se pueden establecer pares paralelismos entre la persistencia de esta mujer y las experiencias de muchos padres solteros. Ellos son conscientes del hecho de que no hay nadie más que los defienda y por lo tanto, luchan con todas sus fuerzas.

Mi experiencia, y la de todas estas mujeres, reflejan las difíciles experiencias que enfrentan las mujeres solteras. Las mujeres solteras siguen luchando por su cuenta con pocas personas o nadie a quien acudir en busca de ayuda. El estigma asociado a la soltería les dificulta buscar ayuda activamente, esto representa para la iglesia y la comunidad en general, una gran oportunidad para cumplir con el mandato bíblico de cuidar a las viudas y las familias monoparentales.

Una cosa que es positiva en todos estos relatos, es que Dios aparece en una manera poderosa cada vez.

El Impacto de la Crianza Monoparental en el Padre

Capítulo 5

Hay poca información sobre las dificultades de "los padres solteros como cuidadores". Hay menos padres solteros pero en la mayoría de los casos hacen un trabajo increíble. Poco se sabe sobre el impacto de la soltería en el padre, quizás debido a que los números reportados son relativamente pequeños. Por el otro lado, hay mucho escrito sobre las dificultades de las madres solteras. Los hogares de madres solteras tienden a tener dificultades por la escasa de ayuda que reciben. En la mayoría de los casos, las madres solteras tienen dificultades para encontrar ayuda porque hay una falta de apoyo, ya sea del otro padre o de algún otro miembro de la familia.

Los relatos anteriores, tantos personales como bíblicos, pintan una imagen bastante sombría de la experiencia y del impacto emocional de los padres solteros. Los ejemplos bíblicos destacan a las viudas preparadas para proteger a sus hijos a cualquier precio; mujeres fuertes que hicieron todo lo posible para proteger a sus hijos, buenos ejemplos para todas las madres solteras.

En la mayoría de los casos, los padres solteros no están preparados para la ruptura de la relación, que a menudo se produce en un momento de estrés significativo y del cuidado del niño pequeño. Para algunos de sus padres, la agenda apretada de las tareas del hogar significa que no hay tiempo para cuidarse a sí mismos. En fue mi experiencia. No tuve tiempo para salir a tomar un café e incluso cuando tuve tiempo, me faltaron las finanzas para hacerlo.

Mi experiencia y la de la mayoría de padres solteros, demuestra la abrumadora naturaleza de una situación vulnerable, dejando una situación de desesperanza e impotencia. Sin ayuda, no estaba muy lejos de la depresión y la ansiedad. Algunos padres o madres solteras no saben por dónde empezar; algunos pierden su trabajo, sus amigos o incluso, el contacto con los miembros de la familia. La mayoría termina formando nuevas relaciones como una forma de escapar del dolor y la tristeza. Lastimosamente, algunas de estas nuevas relaciones pueden ser perjudiciales para ellos y sus hijos. Otros se entregan a consumir substancias (drogas o alcohol) como mecanismo de afrontamiento.

Sin embargo, hay quienes eligen criar a sus hijos por su cuenta, a pesar de las dificultades para hacerlo. Decidí tomar esa decisión, pero sé que son pocos lo que hacen esto y tienen la fuerza para llevar los dos papeles de padre y madre. Literalmente entregué mi vida y puse toda mi energía en mis hijos.

Claramente, no existe una forma correcta o incorrecta de ser padre soltero. Las madres y padres solteros deben tomar decisiones en varios puntos de su viaje. Tener el apoyo de amigos y familiares durante este momento difícil ayuda a formar estabilidad y equilibrar decisiones. A su vez, lo padres que han logrado atravesar el proceso solos han dicho que valió la pena pasar por él; a pesar de ser el momento más difícil de sus vidas, también fue el más gratifican.

Muchos padres han emergido más fuertes y resistentes, y han sido fuente de orgullo para sus hijos que, habiendo triunfado en la vida, también hacen una referencia positiva de sus madres que los criaron sin ayuda.

El Impacto de Los Padres Solteros en Los Niños

Capítulo 6

MIS HIJOS SUFRIERON con la ausencia de su padre. Esto quizás porque estuve en un lugar similar a la de ellos y durante mucho tiempo, sentí lástima por mí misma. se enojaron y como a veces se asustaron. Aun así, regularmente les recordaba que tenían un padre especial en el cielo.

En un momento de nuestras vidas, un maestro de jóvenes y amigo cercano de la familia, se encargó de ser mentor de mis hijos. Esto fue un milagro para mí. Todo ese tiempo había estado orando por un modelo masculino y ahí estaba un joven dispuesto a hacer esa persona para los niños.

Este fue un verdadero cambio y construyeron una relación especial en la que podían discutir abiertamente lo que les preocupaba. Estaré eternamente agradecida con este joven amigo. Sin embargo, esta es probablemente la excepción y no la regla, como ilustran los siguientes ejemplos.

Alex

Alex y sus dos hermanos crecieron en un hogar monoparental. Su padre viajaba mucho y casi nunca estaba en casa. A Alex siempre le costó entender porque su casa era diferente. Su madre siempre intentaba hacer todo lo que podía para que participase en actividades apropiadas a su edad. Ella le llevaba al club de fútbol, karate y natación. Alex miraba a otros niños siendo recogidos por sus padres y se echaba a llorar. Él nunca le contaba a su madre porque lloraba cuando ella lo recogía. Alrededor de la edad de 8, Alex expresaba sus sentimientos haciendo dibujos de su padre; preguntado cuando iba a volver a casa. Esta era su manera de comunicar su dolor a su madre.

Al final resultó que, la madre de Álex estaba igualmente en un estado vulnerable y no podía abordar esto con su hijo que también estaba sufriendo. Ella lo llevó a un club cercano donde pudo encontrar mentores que trabajaron con él a lo largo de los años. Él se las arregló para hacerlo bien en la escuela e ir a la universidad. Ahora en una carrera de alto vuelo, Alex relata que le resultaba difícil comprender su vida, pero ahora se dedica apoyar a quienes se encontran en situaciones similares.

Ben

El padre de Belén abandonó sus vidas cuando Ben tenía tres años y la hermana de Bel, Sally, tenía un año. En ese fatídico día, el padre de Ben le informó a la familia que iría brevemente a la tienda a comprar un periódico. Esa fue la última vez que Ben vio su papá. Los primeros años fueron los más difíciles para Ben y la familia. La mamá no tenía un trabajo estable y no podía trabajar porque Sally era muy pequeña. A la edad de cuatro años, Ben había aprendido cómo preparar el neceser de Sally y supervisarla cuando mamá salía a las tiendas, lo cual era peligroso además de ilegal.

La vida fue de mal en peor y los dos niños tuvieron que quedarse al cuidado de una vecina para que mamá pudiese ir a trabajar. Ben no tardó mucho en comenzar a mostrar problemas de conducta. A la edad de siete años, había comenzado a ir a las calles con los niños locales y estaban cometiendo delitos menores. A partir de los 10, Ben había comenzado a fumar marihuana y casi nunca iba a la escuela. La madre de Ben le resultó extremadamente difícil administrar el hogar, así como el trabaja. Cuando Ben entro en la adolescencia, ya estaba en una institución para delincuentes juveniles por agredir gravemente a otra persona. Mientras tanto, sally había comenzado a rebelarse contra su madre, quien estaba ahora desesperada.

Estos ejemplos ilustran que, aunque un padre soltero con recursos y apoyo adecuados es capaz de proporcionar un hogar acogedor en el que los niños prosperan tan bien como los que tienen dos padres, los niños pueden volverse vulnerables y en riesgo de malos como resultado de situaciones en las que un padre o madre soltera están luchando por los recursos, y tienen poco tiempo, energía o habilidades para los deberes de ser padres.

Los niños siempre se ven afectados negativamente por cualquier ruptura familiar y aún más cuando no hay apoyo. Los niños deben lidiar con la incertidumbre de un "hogar roto", mientras sus emociones todavía son demasiado inmaduras para hacer frente a los detalles. Para algunos niños, esto se traduce en sentimientos negativos de culparse asimismo por el colapso, y el desean poder hacer algo para cambiar la situación. Para otros, la situación es lo suficientemente aterradora y no hay ningún otro lugar donde ir, exhiben comportamientos de ser temerosos o agresivo, porque no saben cómo será el futuro, quien los apoyará, y con miedo de la probabilidad de que les puedan hacer bullying en la escuela.

Los pocos que muestran signos de agresión suelen hacerlo como una forma de combatir los sentimientos de miedo; ser agresivo es su forma de enviar un mensaje a los demás de que son fuertes y capaces de hacer frente a los que han sido arrojados. Quieren ser vistos como capaces de manejar la situación mientras en verdad están luchando. El apoyo a los niños durante estos momentos es crucial, aquí es donde la familia, los amigos cercanos y, de hecho, la comunidad, debe entrar y brindar ese hombro para llorar.

Los niños que crecen en un hogar monoparental a menudo reciben responsabilidades adicionales debido a la ausencia del otro padre. Es probablemente que se queden solos o que cuiden de sus hermanos menores mientras el padre o la madre va al trabajo o a la tienda. Las tareas domésticas regulares serán sin duda una expectativa, no una elección. En los hogares donde el padre o la madre están ausentes, se puede esperar que los niños asuman especialmente el papel del hombre de la casa a una edad muy joven.

Una amiga cercana, que también es madre soltera, informó que su hijo había asumido el papel de padre ¡a la edad de 12 años! Asumió la responsabilidad de sus hermanos menores de una manera similar a un adulto.

Familia Monoparental y Sociedad

Capítulo 7

"*SE NECESITA UNA ALDEA para criar a un niño*" es un proverbio africano que significa, que toda una comunidad de personas debe interactuar con el niño para que él experimente y crezca en un entorno seguro y saludable. La responsabilidad de la sociedad de contribuir a las crianzas infantiles nunca debe subestimar.

El paso inicial es el reconocimiento de que la crianza monoparental es una tarea difícil. La provisión de instalaciones y el apoyo es crucial para garantizar que tanto los padres como los niños dispongan de esos dos elementos. Cuando los padres solteros no pueden mantenerse a sí mismos y a sus hijos, el costo para el gobierno es significativo. Aunque que la mayoría de madres y padres solteros hacen un gran trabajo solos, todavía queda un estigma que los rodea.

Un número significativo de personas en nuestra sociedad han retratado a las madres solteras como: necesitadas, desesperadas e incapaces de mantener unido a una familia. Lamentablemente, estos puntos de vista se han extendido más allá, incluso a algunas iglesias que deberían estar a la vanguardia, luchando por estas familias. Y mientras se mantenga este punto de vista, los padres solteros no tendrán voz y tendrán que librar una batalla mucho más dura para poder valerse por sí mismos. A los padres solteros les resulta difícil recibir apoyo cuando la sociedad aún mantiene esta opinión.

Las iglesias y la comunidad en general, tienen una gran oportunidad para abordar las necesidades de estas mujeres. Algunas iglesias han tomado medidas para comprometerse con las madres, padres solteros y sus hijos, por ejemplo, programas de instituciones monoparentales que están desempeñando un papel clave en el apoyo a las familias con resultados positivos.

Cosas Que he Aprendido Como Madre Soltera

Capítulo 8

ESTE CAPÍTULO DESCRIBE seis cosas que he aprendido siendo madre soltera por 15 años.

1. Mantener positiva

Esto es más fácil de decir que de hacer, especialmente cuando todo lo que sucede en tu alrededor es deprimente, en la opción de permanecer negativa y por lo tanto en depresión, parece justificada. Sin embargo, aceptar este estado solo empeorará las cosas. Lo experimenté de primera mano y llegué a la conclusión de que tener pensamientos negativos solo atrae a personas con puntos de vista similares e impactaron negativamente mi salud y bienestar. Para ese entonces tuve que tomar la decisión de deliberadamente buscar lo bueno en una mala situación. Aprendí hablar positivamente en medio de la fatalidad y tristeza. Me hablaría a mí misma y haría declaraciones como "todo va a estar bien", "puedo hacer todas estas cosas a través de Cristo, que me da la fuerza" y "estoy hecha de manera maravillosa y atrevida". En su debido tiempo, el poder de la palabra hablada se convirtió en su realidad." Empecé a ver cambios positivos en mí y mis hijos.

Finalmente tuve una razón para despertarme salir afuera y sonreír a la gente. No me había dado cuenta de la persona triste en la que me había convertido. Ahora que las cosas estaban empezando a cambiar, tenía todas las razones para seguir hablando positivamente. Deliberadamente empecé a buscar cosas por las que estaba agradecida. Eso empezó funcionar para mí y para mis hijos.

2. Tú no eres culpable

Uno de los desafíos a los que me enfrenté, fue la conciencia de culpa. Sentí que las cosas habrían sido mejores, si hubiese hecho más para salvar mi matrimonio. Me culpaba a mí misma por cómo había manejado conversaciones del pasado. La situación se vio agravada por una percepción de que, si un matrimonio fracasaba, la mujer era la culpable. Mi mente era un campo de batalla donde luché conmigo misma por lo que podría haber hecho para mejorar la situación. Yo había crecido como una persona tímida y el pasar por este momento difícil en mi vida añadió más peso a mi timidez.

Irónicamente, durante ese tiempo, trabajé como asesora de abuso doméstico escuchaba historias de abuso de los sobrevivientes. Diariamente, alentaría a los sobrevivientes y les diría que las cosas cambiarían para mejor. Hay tres declaraciones clave que le dimos a todos los sobrevivientes: "yo te creo", "no es tu culpa" y "hay ayuda para ti"; había memorizado estas palabras y las diría en voz alta sin pensarlo. Pero nunca pensé que esto era exactamente lo que necesitaba escuchar en mi propia situación. Entonces me tomé un tiempo para reflexionar sobre todas las palabras que había usado para los sobrevivientes y comencé a hablar conmigo misma. ¡Funciono! El poder de las palabras era evidente. No tuve que culparme más a mí misma por la decisión de mi marido de alejarse de la familia. No era responsable de sus decisiones y yo era libre de tomar las mías.

3. Cuídate a ti misma

Cuidar de uno mismo tiene un impacto directo en cómo nos sentimos. ¿Alguna vez has visto que una persona bien vestida que supiera que se veía inteligente? La confianza en ellos es obvia; la sonrisa y el lenguaje corporal hablan por sí mismos.

Si bien es importante, era un área de mi vida en el que me había descuidado a lo largo de los años sin darme cuenta. Mi enfoque estaban en mis hijos; punto. No había logrado ver cómo podía ir a comprarme algo de valor. Todo dinero que ganaba iba directamente para los niños. En ausencia de su padre, sentía la responsabilidad de llenar el vacío que dejó y que debía estar segura de que no les faltara nada; trabajé duro y contra muchas dificultades para que esto sucediera.

Si no hubiera sido por una querida hermana, probablemente me hubiera agotado. Ella fue abierta y honesta y me dijo que tenía que cuidarme; recuerdo que me dijo que estaba bien gastar dinero en mi cabello, entre otras cosas. Esto fue muy liberador, por lo que comencé a cuidarme mejor. Para ello hice un presupuesto mensual para mi cabello y me sentí genial al visitar a mis peluqueros y dejarme mimar.

También comencé a reconectar con amigas como algunos de los cuales estaban pasando por una situación similar a la mía. Todo el tiempo pensé que era la única que estaba pasando por un momento difícil. Puede compartir historia con ellas y esto fue el comienzo de mi proceso curativo.

4. Acepta ayuda

Cuando uno pasa por estos momentos difíciles de la vida, es fácil pensar que la gente no tiene tiempo para ayudarte, o que no hay necesidad de molestarlos, o que no les importa.

En mi caso, era así, incluyendo un fuerte sentimiento de vergüenza y de ser juzgada. Quería pertenecer y tener un sentido de pertenencia; después de todo, por eso me había casado. Me volví muy sensible a una falsa percepción de los demás hacia las madres solteras. En mi mundo, todos acusaban a una madre soltera de perdedora, fracasada y rompe de hogares que no tenían tiempo para ellas.

Como tal, era difícil ver la ayuda que estaba allí, ya que había construido una pared solida a mi alrededor. La realidad es, que estaba sufriendo desde lo más profundo y eso alejó a cualquiera que fuera comprensivo y estuviera dispuesto/a acercarse. Debo agregar que, había personas que estaban decidiendo ayudarme pero yo no estaba en un lugar para recibirla. Lamentablemente para mí, es lo que prolongó mis años de sufrimiento. Ahora reflexionando, pienso que debería haber aprovechado cualquier ayuda disponible.

Se necesitó de una amiga devoto y de oración para hablarme de una obra de conocimiento. Eso es me llamó la atención. Dios está lleno de humor, sabía lo que necesitaba y llegó al momento adecuado. Estábamos a mitad de semana en el servicio de oración, tan pronto como subí al escenario para cantar, esta mujer gritaba de terror y rezaba fervientemente. ¡Me quedé en shock!

Sin embargo, me enteré más tarde que ella había estado orando por mí y mi familia. Hasta ese momento, no había hablado nada con ella, pero ella me describió todo y me dijo lo que Dios quería que hiciera, lo cual era que en parte aceptara la ayuda. ¡Qué extraordinario! Nunca olvidaré esa mujer, que era tan persistente y nunca se rindió conmigo; definitivamente Dios lo había mandado. Ella oró conmigo y por mí. Me dedico su tiempo y estoy segura que aguantó mucho conmigo. Siempre estaré agradecida con ella. Mi oración es por abundante gracia en su vida.

5. Confianza en Dios

Para algunos de nosotros la fe es aquello a lo que nos aferramos cuando las cosas se ponen en "forma de pera". Para mí la fe en Dios, es la cosa más importante la cual me ayudó a pasar los días, semanas, meses y los años. Había canciones que canté sobre mi situación, sermones a los que me aferré; escribí la mayoría de mis propias canciones durante ese tiempo.

Una de las mejores cosas que hice fue aprender a orar. Aquí es donde desarrollé una relación íntima con Dios. Establecí un espacio solo para mi y Dios. Ese era un espacio en el que lloraba, luego oraba hasta que no podía más. No puedo contarte los sueños y encuentros que tuve durante ese tiempo; quiero que todo eso quede en mi pasado. Si hay algo por lo que estoy agradecida de ese tiempo, es de mi relación con Dios. Él sigue siendo todo para mí; un amigo especial, un confidente, un padre; las palabras no pueden describirlo pero todo lo que necesité y todavía necesito, es lo que encontré con él. Estoy en paz con mis hijos en sus manos. Él puede hacer absolutamente todo lo que él dice en su palabra. Después de todo, yyo soy el barro y él es el alfarero.

Esta intimidad aún permanece y no podría cambiarla por nada, incluso puedo sentir su presencia cuando escribo esto. Si lo hizo por mí, lo puedo hacer por cualquiera.

6. Ser un mayordomo

Como padres, somos mayordomos de nuestros hijos. Los niños son creaciones de Dios y si alguien les importa más que a nosotros, es a su creador. Mi mayor miedo era sobre mis hijos y como iban a lidiar con todo lo que estaba pasando.

Tenía muchas preguntas de que iba ser de ellos. Crecí en una familia donde mi padre siempre estaba en casa. De niña, sabia la hora en la que se iba a trabajar y a qué hora volvería. Como tal, nunca me había imaginado estar en un hogar sin los dos padres. Esto era por lo tanto un mundo nuevo para mí. Lloraba a diario por mis hijos… ¿Por qué esto les pasaba a ellos? Sentía que no lo merecían y nunca iban a entenderlo. Los vi preguntando cosas, a las cuales no tenía respuesta, o sentía que eran muy jóvenes para entender la verdad. Temía que se volviesen rebeldes. Mis miedos tuvieron impacto en ellos y empecé a ver mi ansiedad en ellos. Si quería que las cosas cambiaran, tenía que empezar yo.

Mi amiga estaba en mi caso de nuevo. Me recordaba que los niños estaban a salvo en las manos de Dios. "Tú eres solo un mayordomo", ella me recordaba. No había razón para que me preocupara. Dios los tenía y él iba ser un padre para ellos con o sin su padre. Aprendí a dejarlos en manos de Dios mediante la oración. Gradualmente, estuve en paz de que estuvieran en mejores manos que mi constante preocupación. También me di cuenta de que a medida que las cosas empezaron a cambiar para mí niños, también empezaron a tener confianza en sí mismos. La confianza había regresado de nuevo a nosotros.

Pensamientos Finales   Capítulo 9

COMO DIJE AL PRINCIPIO, ser madre soltera o padre soltero para algunas personas es una elección la cual debe de ser respetada. También hay aquellos que eligen quedarse solteros o solteras después de encontrarse en una situación difícil, por ejemplo, aquellos a las cuáles han sido abandonados por sus parejas. Independientemente de la situación en la que te encuentres, lo principal es sacar lo mejor de la situación por tu bien y el tus hijos.

Para mí, ser soltera nunca fue una elección. Era bastante idealista y esa experiencia me afectó mucho. He aprendido mucho; ya no soy la persona idealista que solía ser, ahora soy mucho más realista y práctica. Aunque ha sido difícil, no cambiaría de experiencia por nada. Estoy escribiendo este libro, hablé con muchas madres solteras, quienes reportaron haber aprendido mucho de ellos mismos.

Algunos se acercaron más a Dios durante estos momentos difíciles. Pasar por una mala etapa les enseñó quienes eran sus verdaderos amigos. Algunos se tomaron un tiempo para cuidar a sí mismos como nunca lo habían hecho antes a —quizás debido a que apreciaban mucho más la vida más. También desarrollaron relaciones cercanas con amigos y esos de fe desarrollaron dependencia total en Dios.

En estos escenarios donde los niños eran apoyados por familia o amigos, siempre hubo un resultado positivo. Mis hijos fueron beneficiados por el apoyo de sus amigos y ahora están cosechando el beneficio de un sistema de apoyo que todo padre soltero desea tener. Estudios demuestran que los niños creciendo en casas monoparentales, quienes están bien apoyados por familia y amigos, disfrutan positivamente de su infancia con finales no peores que niños con hogares de dos padres.

Existe el beneficio adicional de las habilidades adicionales que adquieren los padres solteros al tener confianza y ser autosuficientes, debido a la necesidad de administrar dos roles en el hogar y sin nadie para consultar. También existe la oportunidad de pasar mucho más tiempo con el niño cuando sea posible, haciendo que la relación entre padre e hijo sea más cercana.

Lo más importante que me llevé de mi experiencia, es que los desafíos de la vida casi siempre ocurren por una razón. He descubierto que, dependiendo en cómo aceptamos los desafíos, salimos mucho más fuertes y mejores. No nos podemos olvidar que la persona más importante aquí, somos nosotros mismos. Solo podemos cuidar a otras personas incluyendo nuestros hijos cuando nos cuidamos a nosotros mismos. La capacidad de aceptar ayuda en estas situaciones es una fortaleza en sí misma. Descubrí que hay muchas personas dispuestas a ayudar y hay que discernir quiénes son estas personas. Además, descubrí que darnos a nosotros construye resiliencia y cambia nuestro enfoque de nosotros mismos. Fue ahí cuando comencé a buscar aquellos menos afortunados que yo y necesitaban ayuda, que me di cuenta

Pensamientos Finales

de lo afortunada que era, a pesar de haber vivido lo que consideraba como mi peor pesadilla. ¿Podría ser la razón por la cual a veces nos sentimos impotentes, el hecho de que no hemos ayudado a quienes están más necesitados que nosotros? Para concluir, mi último consejo para los padres solteros y las madres solteras que están luchando, es que nunca están solos o solas y que la ayuda está a un paso de distancia.

www.ingramcontent.com/pod-product-compliance
Lightning Source LLC
Chambersburg PA
CBHW070441010526
44118CB00014B/2140